EL ÚLTIMO SONÁMBULO

Pedro J. Moreno

COLECCIÓN ITES

EL ÚLTIMO SONÁMBULO

© Pedro J. Moreno Rubio
© Prólogo: Rosa María Vilarroig Colomé
© Diseño de portada: Carlos Mayor
© de esta edición: Olé Libros, 2024

ISBN: 978-84-10053-34-2
Depósito legal: V-2174-2024
Impreso en España

KALOSINI, S. L.
Grupo editorial **olélibros**
equipo@olelibros.com
www.olelibros.com

A Miguel Romaguera Aguilar (Valencia 1955 – 2024)

Cuando cambió la suerte todos le abandonaron.
En Amigos de la Poesía encontró acomodo.
Cuando el acto acabó me acerqué a él.
Estaba solo, húmedo de tristeza y aterido
y le ofrecí mi casa.
Con Analy y conmigo vivió días de amistad y poesía:
(Valencia... Chumillas... Moraira...)
Compartimos proyectos: "Poesía del Mediterráneo",
"Artes y Letras de Valencia", "Con el viento solano".
Pero la vida avanza y se despliega. Y ya.
Descansa en paz, Miguel.
Si yo pudiera,
el aire que respiro te daría
para poder tenerte y abrazarte.

La Poesía, señor hidalgo,
a mi parecer, es como una doncella tierna y de poca edad
y en todo extremo hermosa,
a quien tienen cuidado de enriquecer,
pulir y adornar otras muchas doncellas que son todas las otras ciencias
y ella ha de servirse de todas
y todas se han de autorizar con ella; pero esta tal doncella
no quiere ser manoseada,
ni traída por las calles,
ni publicada por las esquinas de las plazas.

MIGUEL DE CERVANTES
DON QUIJOTE DE LA MANCHA, II PARTE, CAP. XVI

PRÓLOGO

Pedro José Moreno Rubio lleva en su mochila gran cantidad de obra reconocida y laureada desde el primer volumen publicado. Este magnífico libro que tienes en tu mano, querido lector, contiene ochenta y cinco poemas recogidos en cinco partes, cada cual con un mensaje referente al contenido. Las citas pertinentes nos nutren de una larga lista de poetas destacados, importantes para nuestro autor. El libro se abre a la luz y el prefacio nos facilita el encuentro con un pasaje del gran libro de caballerías *Don Quijote de la Mancha*, el cual encierra una gran analogía: compara la poesía con una hermosa doncella que, nutrida de toda ciencia, no desea ser manoseada. Su refugio no son las plazas ni las calles abastecidas de sonidos ni escenas difusoras. La ubicuidad de la lírica se halla en el silencio, en el ser y estar consigo mismo, en la ensoñación noctámbula, en la oración renovada y continua de los versos. Así es la concepción creativa en la obra entera y completa de Pedro José Moreno. La mujer y la poesía unidas en sensibilidad y ternura destacan con pasión y reverencia en este libro y en los anteriores. *Una mujer sin nombre cruza la avenida / con decisión, con fuerza en la mirada / como garza real que cruza el aire / con elegancia, con soberanía, / inundando de luz toda la tierra.*

Pero no solo es romanticismo desde el punto de mira de la creación *El último sonámbulo*, sino verdad que transciende, sinceridad y profundidad que el pensamiento ofrece: imágenes y símbolos vividos, añorados o soñados en períodos diversos que transmiten conocimiento, lucidez y transparencia; saberes y filosofía bendecidos por la experiencia y el acuse de la palabra.

Interesa ante todo el título del poemario, parece indicarnos que es el postrimero efluvio de alguien que camina entre sueños y períodos de vigilia para componer su obra. Opinión que destierro, ya que Pedro no dejará de transformar sus voces interiores en poemas. Lo lleva en su linaje de poeta y en las neuronas que ajustan los ciclos de su existencia. Es poeta de nacimiento y formado en los proverbios de la vida. Así, el concepto de *parasomnia*, recogido por varios autores, es fundamental para desarrollar procesos creativos ya que desencadena revelaciones y diálogos íntimos que relucen en el misterio de la noche y la velación cuyo enigma convoca conexiones extraordinarias de pavura o placer. Shakespeare nos lo muestra en *Macbeth*. La reina no puede acogerse al sueño, en este caso, las razones que perturban su sueño son de conciencia. Asimismo, Grimaldi explora las diversas formas que adquiere lo imaginario en *Los nuevos sonámbulos*. Del mismo modo, Hermann Broch nos legó tres volúmenes titulados la *Trilogía de los sonámbulos*, un refugio para almas imaginativas. También García Lorca en el *Romancero gitano* incluye el poema onírico «Romance sonámbulo» que trata de amor y desventura y nos envuelve en un mundo surrealista de imágenes misteriosas. Y, finalmente, es el poeta Watanabe quien nos dice: *la otra operación de tu insomnio / no es accesible, es el ojo / interior / que navega / dentro de tu carne.*

Se ha dicho que el sonambulismo es un fenómeno complejo de movimientos y escenas relacionadas con el sueño y la vigilia, pero es mucho más; rescata la memoria y la fertilidad de la imaginación al mezclar realidad e irrealidad. Los fenómenos del sonambulismo se acercan a la espiritualidad, es luz magnética que aporta clarividencia. Inclinaciones que podemos expresar en soledad, en recogimiento. El alma avanza, se magnetiza, penetra en lugares que solo el poeta puede percibir, se aleja del entorno e incurre en ámbitos donde no hay aforo para los límites. Navega por el caudal de pensamientos y emociones sin previo aviso. Se unen en un todo espíritu y cuerpo. Se asienta, se prodiga en dimensiones irreconocibles cuya energía abarca lo inefable, atrapa vivencias y quimeras, sustentáculos surrealistas que la evocación acopia hasta hacerlos llegar en forma de poemas. *El ojo avanza / sin ajorcas ni antojos / hasta encontrar el mágico equilibrio.*

Desde el primer libro impreso (1983) destaca en la totalidad de su obra la presencia panteísta y lucífera. Títulos como: *Sed de presencia; Con el viento solano; Apenas voz, tal vez viento; Albriciador de auroras; Agua dulce; Mujer de luna; La casa desolada; Solo la piedra dura; Nido de crisálidas; Donde nace la luz,* entre otros, son buena muestra de ello. Conceptos y expresiones llenos de albor y anhelos se manifiestan como luminarias en la poética de Moreno. Su lírica deviene lugar común donde el alma extasiada aúna en paisaje sentimental la profundidad reconcentrada de un poeta que en su madurez conjuga el verbo por sendas depuradas.

Pedro José nació en Cuenca donde la piedra y el agua se mecen mutuamente. La piedra dura y eterna, el agua transparente y fluida, son dos términos que recorren sus libros. Por un lado, su obra es consistente y valorada por grandes autores y críticos. Moreno Rubio está considerado entre los mejores poetas de la Comunidad Valenciana. Seis veces finalista de los Premios de la Crítica Literaria de la Comunidad Valenciana en la categoría de poesía no es baladí. Su estilo personal claro y diáfano, impregnado de sencillez y orden, de musicalidad y certezas, le donan el pundonor de un poeta sobrio, resuelto, seguro de su quehacer sin seguir los pasos ya baleados de otros que más que descubridores de sus posibilidades se limitan a seguir corrientes prolijas, modas pasajeras de un tiempo efímero y demasiadas veces desvanecido.

En *El último sonámbulo*, el autor persevera en sus constantes, aunque aporta cambios respecto a su poesía preliminar, ya marcados en el anterior volumen. *Un dios imperfecto* (2022) dio un paso más en la escalera ascendente de su poética al anunciar las líneas que anticipaban el presente poemario. Pero no son trazos a modo de cambio concluyente, sino que especifica con sencillez ilustrada su tránsito por la lírica, su estado de evolución y madurez al guarecer el equilibrio deseado entre pensamiento e innovación. En esta afirmación nos muestra su deseo vivencial: *Mi vida / sería un sinsentido / si no fuera creciendo hacia la perfección. / Quiero vivir naciendo / un poco cada día / en búsqueda constante del ser que quiero ser.*

Sin abandonar el cortejo creativo y el romanticismo enmarcado en sus adentros ni el exquisito vocabulario o la construcción impecable de sus versos, Pedro nos desvela facetas de su mundo poético: ideología, emociones e inquietudes desgranadas en modulación reflexiva y sincera adentrándose en los recónditos lugares del conocimiento donde intuición y experiencia se nutren y alimentan en sagaz romance eterno. Son componentes decisivos en su poética el sentimiento hacia la naturaleza, la sublimación de lo creado, el idilio reverencial hacia la vida y la muerte, el ensueño al calor del amor y a los vibrantes elementos anímicos que se hallan implícitos en el libro, en definitiva, el recogido y refugio de una vida creativa. Moreno, en un nuevo gesto renovador, nos regala un libro de línea depurada, valiente, de rasgos sólidos, de poemas curtidos en los almenares de la vida, a la par que muestra gran dominio de la estructura externa con valores significativos. Manifestaciones de amor y humanismo recorren su obra.

En cuanto a la organización de los poemas es importante la composición de los versos y estrofas, la acentuación y medida, pausas y rimas lo cual aporta calidad a su labor de verdadero vate: *No quiero ser igual a nadie. / Ni a mí mismo. / Vuela veloz la flecha / buscando su objetivo.* Pedro J. Moreno acopla su mirada interior a los poemas atendiendo minuciosamente la organización de los materiales lingüísticos. Abundan en el poemario los versos endecasílabos, heptasílabos y alejandrinos. Custodia con maestría los hemistiquios o heterostiquios. Las estrofas han dejado de ser regulares y ha introducido nuevas medidas, así como la aportación de versos sueltos en el conjunto. Ha dado un paso más en el camino poético lo que sugiere y revierte en bellas y cuidadas armonías. *Del grano que cayó al borde del camino / y fue pasto del sol y la impostura. / Los pájaros no dejan para luego / la ocasión que su vuelo determina.* Podemos encontrar resonancias bíblicas en estos versos. Su enfoque humanista permanece y nos transmite, en afinación versada, la necesaria compañía del otro y del amor agregando nuevas perspectivas..., mas mantiene la creencia en la capacidad del ser humano como uno de sus fundamentos prioritarios. *Yo contigo. / Encaramados en un abrazo inédito / en el palo mayor, sueltas las velas, / ensayando otra forma de volar.* Soñar implica crear, saltar con energía hacia lugares diferentes y seductores, como anuncia el tercer poema en esta preciosa oda para soñadores: *Solo andan los que sueñan. / Soñar es embarcarse en un viaje imposible / Los soñadores van hacia un futuro / que solo ellos han visto.* Así el poeta de línea frugal y equilibrada, no exenta de alegre luminosidad cuasirreligiosa deshoja verso a verso sus rasgos más profundos, su trazado más sublime, suelta amarras en su navegar y desea fundirse con la luz, con el aire con lo inenarrable, con el modo espiritual hasta quemarse: *Y hay labios que prefieren, como estos labios míos, / beberse entero el aire/ hasta sentir por dentro el roce de la luz, / su quemadura.* Y sabemos lo que significa la luz como fuente lirica de espiritualidad y amor.

Contrastes simbólicos y panteístas, equivalencias entre sentimiento y sosiego, transparencia de lo eterno en lo temporal, de lo profano en lo sagrado, otorgan en entramado natural el placer del gozo. Se metaforiza lo que se ama y, es en el amor hacia los seres y las formas, donde halla Pedro José el puntal de energía para configurar sus estrategias en el núcleo del ser donde la luz renace para el poeta, donde el néctar de la vida alimenta el amor, hecho verso, aurora, flor o vergel inagotable. No hay oscuridad ni premura en la frondosidad transparente de las imágenes ofrecidas, solamente la depuración de la belleza unida generosamente al acto mismo de existir. Descalza de pureza, vino el alba. Y en el poema apreciamos: *Aunque todo parece oscurecerse / atrévete a esperar lo inesperado.*

El poemario anuncia alba nueva, impregnada de bosques y flores, aves y libertad, silencio y reflexión, dorados frutos de supervivencia ante las realidades. Desde el sobrecogimiento que le produce la belleza nos dice: *Atrapa la verdad. / El oscuro pasadizo que te muestra / es lo único que tienes.* Y aunque hay reflejos de soledad, niebla, sinsabor, nubes, abandono, noche, desasosiego… connotaciones más turbadoras siempre se hallan cinceladas con tintes diversos de esperanza, veredas de versos donde rezuma el sol, la vida y el encanto en solidaria comunión.

Me siento río, niebla, nube.
Hundo mis manos en el aire
e inauguro
la danza de las celebraciones.

O, el poema cuya cita de María Beneyto abarca

[…] la caza de un verso que deslumbre,
que brille como el sol en la espalda del mar.

ROSA MARÍA VILARROIG

I
UN ATISBO DE LUZ

Con la desolación y la impotencia
del que sabe que no sirve de nada
ofrecerse sencillo y transparente.

JULIA CONEJERO ALONSO

I

Mi lecho es la página de un libro.
Lo cierro conmigo dentro y ya soy libre.

Teresa Pacheco

Abres el libro
    y ya te sientes libre.

El ojo avanza

sin ajorcas ni antojos
hasta encontrar el mágico equilibrio.

Hoja tras hoja
todas van cayendo enlentecidas, quietas,
en apacible otoño y amarillo.

Así, letra tras letra,
hasta el momento en que (a)pagar
el ritual obliga
y exhausto caes en la litera insomne
para lo mismo repetir mañana.

2

A Manuel Matrán

[…] seamos juntos
el deseo de un mundo repartido
en dos mitades.

JOSÉ MARÍA MUÑOZ QUIRÓS

Yo contigo.

Encaramados en un abrazo inédito
en el palo mayor, sueltas las velas,
ensayando otra forma de volar.

Retírate del limbo existencial de la rutina.

No andes arrastrando la vida
como una cruz de ignominia por el suelo.

Desátate.
Despliega tus dos alas.
Tras la imposible sombra
está el lugar sin nombre que buscamos.

3

Quien sueña se mezcla con el aire.

GEORGES SCHEHADÉ

Solo andan los que sueñan.

Soñar es embarcarse en un viaje imposible.

Los soñadores van hacia un futuro
　　　que solo ellos han visto.

Los soñadores dan cuerda a los relojes.

Cuando no hay soñadores se para el mundo.

Soñar es vivir.
Solo viven quienes han soñado una vida.

Este palpar de ciego
me entrega la silueta de aquello que soñé.

4

Pero el poeta que llegó y se iba
de lo azul a lo azul, alargó el brazo.

MARÍA BENEYTO

Aquí estás con tu copa.

Y tu lápiz ligero como el humo
a la caza de un verso que deslumbre,
que brille como el sol en la espalda del mar.

Alondra que alza el vuelo
cuando nadie lo espera.

Viajera solidaria de un viaje hacia la luz,
más allá de la lluvia y de las lágrimas,
donde la tinta aliente tus sueños de crear
y la tierra sea éter y reconciliación,
verde como diadema en sienes de mujer.

5

Minuto tras minuto
vivir en tus labios
definitivamente.

José Albi

Hay labios
donde nunca culmina una sonrisa.

Labios mudos,
labios desafinados, genuflexos,
que nunca desentonan.

Labios que están todavía por nacer.
Labios en cuyas comisuras nadie pernoctó.
Labios plisados como una falda antigua.
Labios que nunca ardieron de estupor.
Labios como muro que nunca fue asaltado.
Labios arrepentidos de vivir.
Labios sin brillo, sin alma, sin futuro.
Labios que nunca navegaron.
Labios solo para besar mirando a cámara.
Labios que nunca tienen ganas de beber.
Labios que siempre llevan una tumba recién cavada dentro.

Y hay labios que prefieren, como estos labios míos,
beberse entero el aire
hasta sentir por dentro el roce de la luz,
su quemadura.

6

Soy yo sin vos
sin voz
aquí yollando.

Víctor Rodríguez Núñez

Me quiero como soy,
    pero no soy como me quiero.

No quiero ser igual a nadie.
Ni a mí mismo.
Vuela veloz la flecha
    buscando su objetivo.

Desde mi infancia voy
    hacia alguien que me espera.

Mi vida
    sería un sinsentido,
si no fuera creciendo hacia la perfección.

Quiero vivir naciendo
      un poco cada día
en búsqueda constante del ser que quiero ser.

7

«*Habrá un silencio verde
todo hecho de guitarras trenzadas*».

GERARDO DIEGO

Tras la noche acribillada

la hondura del silencio
sepulta la disyuntiva niebla
ante la mirada serena
que no promete nada.

Los sauces suplicantes
inclinan la cerviz
ante anémonas verdes desorientadas, núbiles,
robadas al crepúsculo.

Apocada la noche a su cubil camina.

8

Redoblan los timbales,
atruena y ensordece la música del viento.

Gregorio Jiménez

Timbales hieren tímpanos
mientras la sed del aire
y el arbusto emblemático
que ondean en la cúspide,
a dos voces
      ululan,
           gimen,
                 cantan.

El temblor del tambor
rompe los sentimientos que pivotan
en tristes anaqueles
y un compás cadencioso
languidece
en el ángulo oscuro de la tarde.

El silencio,
en imposible compostura,
queda opaco en los labios
sin retorno.

9

La luz que se derrama
es un fuego tan grande que no quema.

CÉSAR SIMÓN

El llanto del guarín
inundó con apócrifa ternura
humedales de hielo.

Despierta, pequeñín,
La vida obliga
a destejer las jícaras trenzadas
en pedregales hollados por la niebla.

Apenas un atisbo de luz
desvela el devenir.

Atrapa la verdad.
El oscuro pasadizo que te muestra
es lo único que tienes.

10

Es el instante de mirar al Cielo
y ver que está más despoblado que la Tierra.

PEDRO J. DE LA PEÑA

Háblame
del exacto bullir de las hormigas,

del ladrido terrible de los perros,

del sigilo con que urde la serpiente
su exacta trayectoria
a través de la tierra calcinada.

Del grano que cayó al borde del camino
y fue pasto del sol y la impostura.

Los pájaros no dejan para luego
la ocasión que su vuelo determina.

11

Tú que ayer eras toda la hermosura
eres también todo el amor ahora.

JORGE LUIS BORGES

Una mujer sin nombre cruza la avenida
con decisión, con fuerza en la mirada
como garza real que cruza el aire
con elegancia, con soberanía,
inundando de luz toda la Tierra.

El día en sus palabras reverdece
y en sus ojos la luz se precipita.

El sello inconfundible de sus manos
deja su leve tacto en los espejos.

En ella la belleza no atardece.

Todo su ser
es un golpe de luz que nos arrastra.

12

Los lirios azules y las caracolas llevan el mar
más allá de la orilla.

MIGUEL ROMAGUERA

Esta es zona restringida,
espacio emocional para vivir.

El decorado cayó sobre nosotros.
Era inflexible el pulso de las horas
y el mar bramó con voz indescifrable.

No hubo violencia en la mirada
ni viento huracanado en arrecifes.

La espuma se escindió muy lentamente
y hubo bonanza en el retorno al sueño.

Descalza de pureza vino el alba.

13

Ante este mar crecido que se duerme en mi pecho
como un pájaro blanco.

ALFREDO DÍAZ DE CERIO

El abadejo, al fin, salió del claustro.
Quiso leer la fábula que el viento
escribía en la arena de la playa.

Un ruiseñor discreto y enigmático
bordaba enredaderas matinales
y arpegios en el manto de la aurora.

Movió el aire sus alas impasibles
y robó el sedimento de los sueños.

El mar consigo mismo se abrazaba.

14

Todo vive muriendo y, sin embargo,
qué arraigado saberse cierto y hondo
en la misma raíz del desarraigo.

VICENTE GALLEGO

Vivir
es tan solo un cirio evanescente
o un navío errante
que cruza impávido y sediento
la ensenada.

En medio de la noche
un silencio inquietante
desarbola
la majestuosidad inmensa del océano.

El rumor persistente de la espuma
bajo un sol impreciso se disuelve.

15

Con la fe de hoy contemplo
mi derrota de ayer.
Comprendedme. Yo quise,
pero no pudo ser.

J. A. GOYTISOLO

Borracha de sol
iba por los pasillos
compartiendo recuerdos,
saetas de reloj ensimismado.

En un rincón oscuro,
perdida en el hollín del tiempo
trémula de estupor,
sucumbió en el olvido.

Nombró una a una las cosas
y vio que no eran suyas.
Abdicó de sí misma
y arrojó al mar la llave.

Desde la orilla opuesta,
inundada de niebla y desamparo,
comenzó a ignorarse
como antes de nacer.

16

[…] qué tarde, qué tardísimo,
qué de repente, alegre, dulce mía,
has comprendido toda mi canción.

ANTONIO MARTÍNEZ SARRIÓN

Si tú pasas, yo sal.
Si tú piedra, yo canto.
Si tú llagas, yo llego.
Si tú viernes, yo sábado.
Si tú rampa, yo rompo.
Si tú duermes, yo sueño.
Si tú callas, yo calle.
Si tú rosas, yo risas.
Si tú dilemas, yo callo.
Si tú esguince, yo en mis trece.
Si tu corbeta, yo corbata.
Si tú vendaval, yo solo ven.

II
LUZ CREADORA

En solo un corazón silvestre cabe
la total dimensión de un reino de hermosura
—el de esta hoja—
que anhelando amparado refugio
se ha cobijado encima de mi pie.

MATILDE LLORIA

17

Escondido repite,
por cipreses y yedra, un pájaro su canto.

DIEGO JESÚS JIMÉNEZ

El galán de noche
    no se resigna;
constriñe y estrangula
el tallo resuelto y vigoroso.

La parra enfebrecida
    expande sus cabellos —ramas
ensortijadas—
y ostenta sus racimos cruel y lujuriosa
meciéndose en el aire.

Flores no rojas,
como de sangre fresca,
concurren a destiempo.

En el alero
    sonríen los gorriones.

18

El atardecer se hace nada en el iris
de un vitral.

RAFAEL COLOMA

Relincharán
las nubes esta noche
por un cielo precintado y desigual.

Detonará en lo oscuro
la cellisca
rasgando su pijama a las estrellas.

No te inquietes
pronunciando denuestos e improperios.

Un clarín en profundo desafío
rompe el alba
y la luz reinará
rotunda y victoriosa.

19

La luz no es cosa nuestra ni de nadie.

VICENTE VALERO

La noche no es de nadie.

La noche fulgurante
ulula abandonada en la pradera intonsa
esperando el beneplácito del agua.

Dosifica prefacios de ternura.

Trémula oscila.

Mientras el racimo de las horas cae,
la fantasía
teje un proyecto imaginario.

Ensamblada en la bruma,
la balalaika
construye con destreza su férvida armonía.

Pero la noche,
       la noche no es de nadie.

Bajo los restos fríos de la fiesta
la playa se extendía como una musa blanca.

JOSÉ MARÍA ÁLVAREZ

Qué espiral se despliega
donde húmedos aún labios florecen
en obstinado parpadeo.

El oleaje
su flujo imprevisible no controla
ante un pacto de arenas removidas.

La gaviota en su vuelo se recrea.
Brillo.
Luminiscencia.
Magnetismo.

El aire avienta el último rescoldo.

21

Siéntate junto a mi bajo este porche
cobijo de las golondrinas
y cuéntame sin prisa la leyenda del aire.

PILAR GERALDO

No puedo verte así,
    mohíno, acobardado,
deshojando a media voz la margarita
como si un llanto inocuo
te hubiera conmovido.

Asimila los enigmas de la tierra,
define tu futuro.

Aunque duden los astros
    y tiemblen los océanos,
no te arredres, no te tambalees.

Pronto vendrá la mano que derribe
esta copa de acíbar y de sudor oscuro.

Como una rosa el corazón se abre
y reinicia de nuevo su aventura.

22

Hojas frondosas que albergan aves cantoras,
brisa fragante que atrae a damas hermosas.

Li Bai

El estupor de la palmera
volcado
sobre la tarde planetaria
provoca un rumor involucrado
en el delicado rito del insomnio.

El cabello flotando en abandono,
oscilando entre lo frágil y lo bello
en baile cadencioso y vehemente,
provoca sueños orlados de caricias
en tributo de muda efervescencia.

Mírala columpiarse
en voluptuoso balanceo
deslizándose en vibrante frenesí
       insolente,
           sedosa,
              incontinente.

No controla
el tacto tácito del aire,
el embeleso
insuflando la llama en la que arde.

23

El último parpadeo de la tarde
escala las montañas
desvistiendo a los árboles.

ANA MERINO

Frunces el ceño.

Un párvulo reflejo
tras el cristal opaco y ojos grises.

En las líneas de tu frente,
¿qué hay escrito?

Nubes inexpertas con pulso compulsivo
retocan el perfil inexacto de tu rostro.

Ante tus pies de piedra quebradiza
tiembla la hojarasca
y emite su discurso inexorable
que conmueve a los pálidos insectos.

La tarde gime.

Por el sendero angosto
arrastran su penuria las hormigas.

24

*Te he visto llorar un aire
delicadamente antiguo.*

Antonio Lucas

Noche cerrada.

Entre las ruinas del viejo torreón
el viento
aúlla.

Melodía perfecta.

25

No entres dócilmente en la noche callada.
Odia. Odia feroz el fin de la jornada.

DYLAN THOMAS

No inclinarás la risa
más que el rito.

Las briznas más extintas del silencio
se conmueven.

Mas ningún agua te dará al olvido.

Todo quedará flotando
mientras la niebla devasta
la luz de las farolas
con una lentitud interminable.

Su indefinición
pone en evidencia
la extensión de tanto desconcierto.

El ladrido de los perros
rasgando la estructura de la noche
llega hasta los umbrales del desasosiego.

Pero hay luces que no se apagan
nunca.

26

*Deslúmbrate en la bella figura reflejada
en las aguas, mas no intentes abrazarla.*

MARCOS RICARDO BARNATÁN

Bravos los brotes braman verdes.
Vibran los líquenes
apretados al tronco de los árboles.

El curso de la savia late y se prolonga
en un corazón fresco.
No desdibuja el silencio de la tierra
donde lo fértil crece.

El suave balanceo de las ramas,
su gemido inconcluso
deja un rastro de esporas en el aire.

Oscuros gérmenes
esperan en pequeños tabernáculos
tanteando
un camino imprevisible.

Fluye el río contando su relato
a la fronda voluptuosa de la orilla.

La mariposa,
abriendo y cerrando su abanico,
pone un beso en los labios de la flor.

El olor seminal de los cerezos
alcanza lo sublime de la tarde.

Toda la tierra exulta y se engalana
con esta claridad que nace y se recrea
en la extensa quietud de la laguna.

Yo estoy aquí,
inmerso en el paisaje,
desnudo el cuerpo y tensa la mirada
sintiendo el tacto puro de las cosas.

Ya todo es luz.
Todo se eleva.

Alondras en la cúpula del cielo.

27

El amor es a veces una sombra
que desdibuja todos los caminos.
Una flor que en su abismo
se diluye.
Cuando se agota
inaugura la nada.

Crece la enramada
hacia un cielo indeciso
y su cáliz vacío se arrodilla
ante la máscara cansada
que acuna la inclemencia de la noche.

Espera un poco más.
Los enigmas sugieren un futuro.

Las magnolias
están empezando a florecer.

28

Las celindas
sabían demasiado,
a pesar de su halo de inocencia.

Bajo el último aliento de la lluvia
que depura el oxígeno,
la visión enigmática del mundo
provoca un indeciso sorbo
de alegría.

No recuerdas la edad de los metales.
Pero este parpadeo adolescente,
este haz de luz que impregna los relojes
y este contorno incierto del crepúsculo
son presagio anhelante de grandeza.

29

Todo es música, nota, diapasón.
Hasta los cuerpos, en la noche, suenan.

JAIME SILES

Acaba ya, Laquesis, de tejer
ese hilo de ceniza breve
que a la nada conduce.

Tu gesto deletéreo
        se pierde entre la bruma.

Tu voz agonizante
        negra madeja teje y maldecida.

A la vuelta de la esquina
canoro labrador su laúd pulsa
y sus suaves endechas
no son sino simiente,
anuncio de una fértil primavera.

30

Entre tú y yo una estrella…
¡Tan solo ya la gota de agua de una estrella,
el agua que cabría en una estrella!

DULCE MARÍA LOYNAZ

Hay prefacios de muda efervescencia
en las ramas magenta del invierno.

Sobre el intenso prado
de luz destellos fluyen
dejando un perfume de biznaga y malvavisco
que expande su exhalación llenando el aire.

Las estrellas de oro suspendidas en el éter
desgarran suavemente el azul del cielo.

La brisa huele a sándalo.

Como nieve del tiempo
la paz de la hierba bajo la luna.

31

A Mónica Naranjo

Pero ella
no podía bajar
y asomada a los bordes sollozaba.

JOSÉ ÁNGEL VALENTE

Sus ojos, bellos como ningunos,
se llenaron de agua
y comenzó a llover
como en el más triste de los otoños.

Cuando quiso hablar
se deshojó su boca
y se quebró su voz en la garganta
llenando de goteras el silencio.

En los montes hermosos de sus pechos
apagó la tormenta sus relámpagos.

32

En el fondo pacífico del agua verde y fría una nube viajera,
como un sueño, se pierde.

JUAN RAMÓN JIMÉNEZ

Miro los jazmines
a través del surco que en el aire
dejó el mirlo al echarse a volar.

Las plantas
esperan genuflexas
ante la luz sedosa del amanecer.

Una fuente infinita
con su epifanía amorosa
despierta en el altar del tiempo.

Los rododendros arrullan la mañana.
Y desde aquí *in crescendo*
como si se tratase de una fantasía.

La garza, con su vuelo de enigma y desacato,
acapara la luz que hay en el aire.

En la laguna
los juncos crecerán
más verdes que el corazón de Adonis.

33

Mi corazón es una vieja noria
desaguando un amor que nadie bebe.

RAIMUNDO ESCRIBANO

Los árboles del río
a ambos lados
están cubiertos de hojas amarillas
donde la luz resbala en vuelo zozobrante.

Tú, siempre ausente
desoyendo
la quejumbrosa voz
con que inunda la lluvia nuestros sueños.

En tus labios la yedra languidece
y el lenguaje del agua
finaliza
en un vacío gesto de abandono.

Aunque todo parece oscurecerse
atrévete a esperar lo inesperado.

34

Veías la llama que se iba caminando
en el aire, lentamente. Tus ojos
extasiados la seguían.

JOSEFINA VICTORIA RIBES

El hogar encendido.

El fuego
en el que arde el corazón del mundo.

La llama
que quisiera ser hoguera,
se domestica,
se amansa,
se estremece.

Larvas ocultas
fundan aquí su territorio
e inauguran la danza de las celebraciones.

Una llama feroz
se contorsiona, baila
celebrando gozosa el holocausto,
culto a lo más sublime,
a lo sencillo.

Los morillos sostienen en sus brazos
el fuego de los dioses
que alza sus estandartes, su orgía luminosa,
en el altar del tiempo.

Quemad todo el incienso.
Que arda la intemperie.
Que los ojos se llenen
de pequeñas virutas de oro viejo.

III
EL CAMINO EN DONDE BROTA
EL CANTO

*Tan bello era el instante que la única
forma de detenerlo fue el silencio.*

LUIS ALBERTO DE CUENCA

35

Bebe conmigo y vente a mi casa al rayar el alba.

GLORIA DE FRUTOS

Tu nombre,

el vuelo delicado de la mariposa
que se paró en mi cáliz.

Una granada abierta ante la sed del mundo.

La senda del pájaro en el aire.

Funículo que me ata a la verdad más pura.

Materia incandescente que perdió sus contornos.

Un nido prolongado donde la vida late.

Profundo yacimiento de sílabas y vértices.

Y la luz que me lleva más allá de mí mismo.

Por eso
        un mundo entero nace cada vez que te nombro.

Galeote, no desesperes,
tu libertad reposa en ti.

JULIO QUILES FUSTER

Noche tras noche
atravieso de un salto este cielo diáfano.

Me estrello.
Tengo un montón de estrellas
en las manos.

Mi barca está inundada
de luz de luna.

Una gota de ámbar
perfuma el universo.

37

Cuando amanezca iré a decir tu nombre.

MARÍA ÁNGELES CHAVARRÍA

Eran sus ojos dos gotas de ternura
y lo que dibujaban sus palabras
eran campos de nardos y ambrosía.

Arropaba su lengua mis sentidos
y abría mil exclusas a la luz
alumbrando en los mapas nuevos brillos
de insólita armonía.

Su voz sembraba el cielo de matices.
Destellos de imprecisa fantasía
rompían los celajes del ocaso.

Mi corazón giraba alrededor del suyo
como al atardecer giraban los vencejos
en torno de la torre de la iglesia.

Bajo la luz nacarada de la luna
besé sus labios rojos de crepúsculo.

38

*De qué sencillez
arrancó mi mano un látigo.*

José Hierro

La enredadera
montó aquí su catafalco.

En los muros se enquistó la niebla.

Hormigón en llamas mis pies son,
su espacio un perímetro vallado.

En carne viva
la vecindad indecisa del mirto.
Abruptos los designios de la mañana.

¿Qué noche arrancará
de mis manos el látigo?

39

La embriagadora nitidez de las cañadas abiertas
donde la luz se desliza con nitidez de pájaro.

VICENTE ALEIXANDRE

Mi mente se oscurece en tu regazo.
Un cuerpo irresoluble y circunflejo
se desmadeja en hilos invisibles
que definen la línea de los días.

Junto a un fuego cuyo rescoldo aún arde
de nuevo quiero ver,
como aquel ciego al borde del camino,
la luz que es posesión ya en la distancia.

Parece realidad lo que se espera,
pero un velo de niebla aún lo encubre
y acariciar no puedo aquello que aún ignoro.

Oscuramente respiramos
apretados sobre la mórbida superficie de la tierra,
mientras arriba, libres, nos contemplan los pájaros.

40

Quién me diera de nuevo
la extensión de la tarde, lejos.

Fermín Herrero

Los romeros perlados de rocío
se humillan ante el sol
y ofrecen su columpio a las abejas.

Temblor de ramos.

Ordenando las horas
hilvana el viento la danza de los árboles.

Las aves no se espantan.
Desazonadas, se olvidarán del aire
emitiendo arpegios imprecisos.

Se dormirán los astros
mientras la brisa envuelve bajo su azul cutícula
los instantes postreros de la tarde.

41

Te vi alejarte,
no estabas tras tu mirada
y no pude soportarlo.

ROSA MARÍA RODRÍGUEZ MAGDA

Cualquier afirmación cabe en un verso,
con o sin argumento,
lo mismo que hace el náufrago
tragando agua y espuma
como si fuera un vaso de cerveza.

Cualquier zurcido cabe en una falda
y luego no preguntes por su dueña
que con desdén se fue de la tertulia
al escuchar el desaire de otra dama.

No sin antes
dejar un pequeño escalofrío
en la esquina desnuda de la mesa.

42

En verdad cantar es otro soplo.
Un soplo por nada.
Un soplar en Dios. Un viento.

R. M. RILKE

En tus ojos la tarde se abrillanta,
el campo se santigua.

Me siento río, niebla, nube.
Hundo mis manos en el aire
e inauguro
la danza de las celebraciones.

El triunfo definitivo de las águilas
sobre la cumbre áurea.

Un coro de muchachas cantará
la orgía de la luz
en el quieto remanso de las horas.

43

Qué vértigo implacable
tras las paredes que vamos derribando.

JUAN RUIZ DE TORRES

Un cuaderno sin rosas ni perfume.
Verbos sin sangre, sin alma.
Estereotipos.

Luna piadosa, inhóspita, patética.

Rompo la noche. Me yergo. Me agiganto.
Jadeando, escalo la montaña.

En la cúspide ondea mi bandera.

Un alba en íntima sazón baña mi rostro.

44

Siempre fueron nuestros caminos
felices por ir juntos
claras sendas sin espinos.

KONSTANTINO KAVAFIS

Voy recordando niebla y es diciembre.
Tú habrías retenido también aquella mano
y los ojos que miran prometiéndose.

En la calle las luces se apagaban.

Una lluvia finísima
y volver a traer mi adolescencia:
las luces, las ventanas, los geranios.

Ahí vivía Amelia.
Su lacia cabellera,
su delicado cuerpo desde lejos
como una aparición.

El tiempo y la distancia
me llenaron de escombros la memoria...

45

Una sola hoja ahoga con su color verde
el dulzor de un grito.

ANGÉLICA LAMBRU

Cómo crecen las lilas,
quebradiza corona de cristal
envuelta en mil destellos.

Perfumes de la luz
en las ramas magenta del invierno.

Paz mantenida
flota sobre la hierba verde.

Pirámides de sol
navegando hacia el futuro
sobre enhiestos beleños.

46

Luego vendrá la risa. La risa a deslumbrarnos,
a templar nuestros miembros ateridos.

PILAR BLANCO

El mar es ya tus ojos,
plenilunios traídos dócilmente
por tritones de luz recién parida.

Vibración luminosa de idioma trasparente
que dice sin decir lo que no dice.

Fulmíneos cristales
brillando en la espesura
como ojos de felino mirando lo invisible.

Aura dorada esparciendo perfumes de jazmín,
sobre mi piel abrazo fascinante.

Sol victorioso amaneciendo siempre.

47

Cantad conmigo las bermejas canciones
del que arranca tantas mordazas a las cosas.

CRISTINA LACASA

Brilla el sol alomando la ladera
en el instante del amanecer.

Oleaje de gaviotas
asperjan de gemidos sensuales
la lábil luz del alba.

El río aletargado
se adentra en la alameda
irradiando claridad omnímoda.

Tras el horizonte de la realidad
flautas dulces desprenden hermosas melodías,
congregan perfumes de sándalo y jazmín
sobre mi piel hipnótica.

Copiosos besos flamean en los labios
y en la boca espléndidas canciones.

Ajorcas sobre la desnudez de los tobillos.

Vuelan las mariposas
en un acto de rebeldía y libertad.

Seres de luz gobernarán la tierra.

48

Mas hoy el alma aquí, su claridad
dilata, por este mar ardiente
que encarna el paraíso.

DIEGO DONCEL

La noche
escribe sin palabras
en el exterior del círculo
donde germina la brisa vegetal
de los enhiestos árboles.

Unicornios descansan
junto al estanque cristalino
desoyendo la llamada lejana
de los fértiles pastos.

En la planicie azul
la arbórea noche
marcando el ritmo oculto de las cosas,
también me hace feliz.

49

Otras vidas fugaces como hojas o aves
giran sin detenerse.

LUISA DE CASTRO

A veces pasan cosas
   y a veces pasos cosen verdades inconexas.

La sosegada espera,
los escombros pisados,
las cosas,
siempre acosan,
acusan,
acostumbran
y van dejando el poso de tanto sufrimiento.

Porque las poses pasan
y la pasión se extingue.
La ilusión exangüe
se va por las estrías extremas del espejo.

Y luego las cenizas
reposan en la urna del silencio.

50

A ti te canto, corazón del cosmos
en tu pristinidad deslumbradora.

JUAN ANTONIO GONZÁLEZ IGLESIAS

La noche me adoptó
y en ella vivo.
Dejo al tiempo fluir.

Enséñame la canción antigua
escrita en el papiro de la tierra.

Devuélveme
el mágico esplendor de las palabras.

Atrápame
en la red de tu lenguaje
susurrando el salterio de las olas
como joyas de estío que se extienden
bajo el manto ambarino de la luna.

51

Bebedor insaciable de la vida
puesto en pie entre la luz y el desamparo,
tu dicha está indefensa como entonces.

BLAS MUÑOZ

Busco
las ramas profundas del silencio,
la palabra más allá de las palabras.

Busco el principio de todos los principios
en el bosque circular de la existencia.

Busco la voz antigua de la sangre.

Busco el verbo que limpie mi memoria.
La voz de la verdad y del entendimiento
en suma trasparencia y libertad.

52

El silencio y las penas matan
al igual que las flores cuando lloran.

PASCUAL CASAŃ

Un sol lánguido
inaugura tiempos invernales.

Cabe el paisaje en un dedal pequeño.

El aire huele a fango.
Fango es el hombre
agobiado por el peso de la historia.
Despegado de todo y de sí mismo.

Ya no hay banderas verdes
en los ojos que miran el crepúsculo.

Alguien llora en la sombra
ahogando las palabras.

53

Siempre habitas fábulas de sombra
y, riendo, dibujas un mosaico
de arterias y claveles espumosos.

REYES CÁCERES

Heme aquí asomado a la noche
como un árbol sobre la tempestad,
asomado a su furia.

Navegante de rutas olvidadas
en el desnudo relieve del murmullo.

Rompiéndome las alas sobre
el perfil del mundo.

Girando al arbitrio del agua,
bebiendo sorbo a sorbo la música del aire.

No sé si en el suburbio de las sombras
duerme aún el relámpago
o sonará el laúd en los jardines
en el camino de donde brota el canto.

54

Solo soy una sombra,
la ilusoria mirada de quien ama y espera.

La mirada serena de unos ojos que sangran
buscando la verdad.

La vida es un naufragio
en el inmenso lago de la desolación.

Y si miro hacia el cielo,
no es para desertar en la batalla,
sino para tomar impulso y respirar.

La espina vertebral del mundo cruje.
La incertidumbre crece
y el desaliento avanza
bramando como el fuego en un cañaveral.

¿Cómo encontrar el fin a tanta desventura?

Decidme, hombre de vidrio:
¿cuál es vuestra visión?
Compartid con nosotros el sueño que soñáis.

IV
DONDE LAS HORAS ROMPEN
SUS ESQUEMAS

Bella será la vida hasta el fin de los tiempos.
Y en los jardines sonará el laúd de los cuerpos esbeltos.

ÓSCAR PORTILLA

55

Qué nueva soledad deshojará los días
cuando Schubert regrese a los cipreses.

SOL RUIZ LOZANO

Todo lo que aprendí de ti
me lo enseñó la noche.

En la viva hendidura del asombro
tus ojos desmenuzan las ramitas
para encender el fuego.

Arden tus párpados bebiendo
a sorbos la música del aire.

La luna ha prendido llamaradas
en la honda lascivia de tu pelo,
yegua parida por la luz más virgen.

Y cuando empieza la hierba a enderezarse
algo me empieza a herir y me despierta.

56

A Joaquín Matrán.

La puerta hacia la luz
que se abre con tu risa.

ELISABETH PORRERO

Todo sucede entre los labios
cuando aparece la pícara inocencia,
el descaro fluvial de una sonrisa,
y todo lo que vive se estremece.

Todo lo aplaca, todo lo consigue
con esa suavidad albriciadora
que cura todas las dolencias.

Allí es donde comienza mi derrota
porque la fuerza de su luz es tanta
que con su brillo todo lo inaugura.

Allí es donde nace un mundo nuevo.

57

La naturaleza se estremece de placer
cuando el espíritu se inclina ante la belleza.

THOMAS MANN

Porque tú existes existe la belleza
como una pruna fresca,
concentración de soles vespertinos.

No es centro ni es orilla,
rada deshabitada
donde las horas rompen sus esquemas.

Mis dedos la rozaron y me cambió la vida.

Me devoró la mano por todos los resquicios.

Sobre mi pecho te derramas toda
como la luna sobre el palmeral
y una remota fiebre de azafranes
me envuelve con su halo de inocencia.

Por todas las paredes de la noche
suena
la música inequívoca de la felicidad.

58

No hay mano ya en la herida;
solo imagen fugaz que no se acaba

JOAQUÍN RICO

Desconocer las cosas no es nunca lo mejor.

Pensar en ti y no saber quién eres.

Tener el diario abierto encima de la mesa
y no saber la vida que hay detrás.

Ver a un niño que juega con su cometa roja
sin saber si es real.

¡Cómo me escuece el aire que me roza!

Siento el agua desnuda cayendo sobre mí
sin saber por qué el mar aún sigue siendo azul.

Cómo me desazona el peso de la noche
con sus tediosas manchas de humedad.

59

No hay lugar aquí para los tímidos.

ARANTXA ESTEBAN

Cielo de nubes voluptuosas
pintadas en un cuadro de Van Gogh.

Espuma del recuerdo
con las manos abiertas en ascensión constante.

Ojos de luna llena me gritan desde arriba:
El camino es la única verdad.
El tiempo pasa.

«No hay lugar aquí para los tímidos».

60

Todos los pasos tienen la forma del pasado.

Juan Eduardo Cerlot

Cómo será el tiempo
bajo el ancho sombrero de la noche
cuando, iniciado el gesto,
el ojo asome entre las bambalinas.

Asumes tu papel
y tu palabra abrasa mis perfiles.

Rompimos la ficción
y todo fue disperso en tu presencia.

Tus manos caen bajo la noche abrupta
e inmóviles
pernoctarán de nuevo en la distancia.

61

La verdadera profesión de los poetas debería ser el silencio.

ENRIQUE GRACIA

Leo versos en la orilla de tus manos heridas de distancia.
Asciende un río de aire por tu pelo;
me llega por extraños tragaluces.

Gargantas de limón, gotas de ámbar,
golondrinas sin vuelo
mis manos temblorosas.

Dame rosas metálicas de láudano
y bésame hasta el fondo.

Derrama sobre mí tu frasco de perfume
mientras te abrazo yo con mi silencio.

Hoy no hay vuelo:
en tus ojos acaban los caminos.

62

Así damos un paseo indiferente y vemos
que el camino, de pronto, ha terminado.

Juan Luis López Bretones

Besarte y abrazarte
y no poder llamarte cosa mía.

Anidar en tus ojos
y ver cómo te vas dejándome en el aire
y con el corazón al descubierto.

Porque eres como el agua:
cuando quiero cogerte,
escapas de mis manos y te vas
dejándolas heladas y vacías.

63

Quizás los sauces llorones
ofrezcan la fiesta de la quietud perdida.

MANUEL VÉLEZ

Emociones orladas de pájaros impúberes
apuntalan el frágil equilibrio de la luz.

Oleaje de elásticas gaviotas
asperja con sonidos sensuales
la levedad del aire.

Me ahogo en el silencio de los sauces
que prolonga su críptico mensaje
sobre el cristal del agua.

Ese gesto de brazos suspendidos
nos oculta la dimensión del aire
sobre nidos de insomne lejanía.

Qué lentas son las horas
cuando el silencio acosa y ya nada nos basta.

64

Temerosa y altiva como burla y caricia
arrastras la belleza de quien no tiene amo.

AMPARO RUIZ LUJÁN

Oh, preciosa celinda:
relámpagos de nieve bautismal
coronan tu armonía inverosímil.

Qué mano poderosa tejió esa maravilla,
esa ingenua belleza de intacta claridad.

Ese encendido ramo de jícaras de luz
en vuelo blanco y frágil,
sin más grito que el vuelo singular del colibrí.

Es tu dulce propuesta de sílabas insomnes
en un vocabulario de cristal.

Embelesado miro tus encumbrados pétalos,
me sumerjo en su insólita armonía
y me entrego en total desposesión.

Oh, luz desmenuzada en níveos capiteles,
sonrisa sorprendida de un claro amanecer.

Oh, preciosa celinda.
Oh, inefable quietud condescendiente y ávida.
Asombroso suceso de ignota perfección.

Mis ojos se revuelcan en tu serena luz.
Mis ojos y mi alma.
Mi yo todo está en ti.

65

Tú contemplas el mar
y sientes cómo crece
tu pecho en cada ola.

JOSÉ CORREDOR MATEOS

Sí. Ya sé que hay otro mar.
El mar abrupto y áspero
que desata su furia en las tormentas.

El mar de los naufragios
bajo la cara osca de la luna
que, armado de navajas invisibles,
acuchilla los sueños de los náufragos.

El mar que brama y ruge
entre las roncas voces de heridos pescadores
que agonizan.

El mar que se desata y se enfurece
y tumba hasta las naves más robustas.

Un mar enfurruñado y cejijunto
que ha desertado de la vida.

Pero dejadme el mar de los poetas.
El mar que yo soñé cuando era niño
y no veía desde mi ventana.

El mar que sobrevuelan las gaviotas
celebrando su plena libertad.

El mar que rompe su collar de perlas
contra las rocas del acantilado
y se extiende vibrante sobre los arrecifes.

Ese animal terrible
que viene dócilmente desde la lejanía
a besarme los pies.

Ese mar, estampido de pétalos, efímero cristal.

Ese mar que me trae viejas leyendas
de piratas y náufragos
y melifluas sirenas de pícara sonrisa.

El mar que es un poema de sueños de verdad.

66

A pesar de mi faz iluminada
por el vago recuerdo
no encuentro en el bosque lo que busco.

ANTONIO MAYOR

El bosque,
denso silencio de historias huidizas,
visión que sobrecoge hasta tocar el aire
de otro mundo interior
más hondo que yo mismo.

Las cosas me contemplan y los árboles
se paran a mirarme.

No sé si me comprenden
o, tal vez, yo también soy un misterio
y hay otra realidad,
otra verdad,
otra penumbra donde la luz no llega
y las hojas
permanecen aún sin ser leídas.

Me abismo en esa sombra interior
que me acorrala
y en su oscuro latido permanezco.

67

Un temblor cobra vida, nos arroja
al acoso de un centro que no existe.

EDUARDO GARCÍA

Os tengo que decir que soy del centro;
los bordes, francamente, me deprimen.

Cada vez que me descentro
desvarío, me aturdo, me derrumbo.

Dicen algunos que he perdido el norte
—y no les contradigo—
y es por eso que vivo desnortado,
sin rumbo,
como si nunca fuera a ningún sitio.

Dicen que «para hacer bien el amor
hay que viajar al sur».
Pero yo lo que quiero es suspender
(sorprender)
y estar toda la vida repitiendo.

De los otros dos polos,
dos orillas, dos bordes,
no sé cuál preferir, si este (o)este.
Así que opté por vivir siempre en el centro.

Aunque sé que en el centro
                    tampoco está la virtud.

68

«Viví engañado como tantas veces
dedicando los latidos de mi corazón
a la hermosura de una sombra».

JUAN GIL ALBERT

Víboras me devoran venenosas.

Vencido de dolor
vadeo la luz vivaz de tu clavícula.

Me invade el desaliento.

No valoro el volumen de mi desolación.

Venablos voladores violan las vidrieras.

Desnudo como un bígaro
voy a lavar mis pies en tu vendimia.
Vino me vendes verde.

Aunque vibro al besarte,
mis brazos desvanecen
y no llegan al vínculo de la consumación.

Yo no soy un bigardo que va vendiendo vida
a su mejor postor.

V
LA ESTACIÓN DE LAS LILAS

Ahora desde arriba
el tiempo sabe a cerezo en flor
y crece y vuela en plenitud de fruto.

ALFREDO GARCÍA HUETOS

69

«Afuera chapoteó la lluvia, hoyuelos en la arena.
Las cañas donde vive la culebra velocísima.
Las aves del pantano. Afuera la nostalgia».

ALFONSO LÓPEZ GRADOLI

La insolidaria noche
pinta puertas oscuras para jamás volver.

Herida de sollozos,
desde el rincón ambiguo de viejas sinrazones,
inventa juegos fatuos y sueños imposibles
hasta llegar al colmo de la inseguridad.

Voraz se precipita sobre los blandos nidos
donde aún late la llama de la imaginación.

No hay antes ni después.
Nunca amanece.

70

Van y vienen, deambulan por la casa,
tropiezan con su sombra por los pasillos, oigo
sus voces al acecho.

PEDRO A. GONZÁLEZ MORENO

Nos cuesta respirar la densidad de un sueño.

Para el sonámbulo
dormir es una bendición que disfruta cada noche.

Por eso los sonámbulos huyen de la luz
y no escuchan a nadie.

Los sonámbulos, ¿sueñan porque andan
o andan porque sueñan?

Los sonámbulos quieren salir de la noche
antes de amanecer.

El amor es son-ambulante,
un compás subterráneo en un *andante allegro*.

Cuando muera el último sonámbulo
las tinieblas volverán a cubrir de nuevo el orbe
como pájaros exhaustos que al humo regresaron.

Anida un hombre verde
en la manzana de tu corazón.

José Luis Giménez Frontín

Mi cuerpo aún reclama antiguas libertades:

Procesos de locura incontrolada.
Procelosa ternura navegable.
Palabras indecibles que decirse.
Guirnaldas de jazmines en las sienes.
La risa en los visillos de la tarde.
Los ojos suplicantes asiendo lo inasible.
Las manos ateridas tocando los neveros.
y una escondida rampa por donde deslizarse.

Para Gala Valladolid

Blues de jazmín en la calle,
en la voz, en la piel,
deleite sencillo como bálsamo de armonía.

ANA FERNÁNDEZ DE CÓRDOVA

Ha llegado la noche
con tu nombre enredado entre los labios,
convocándote
al ferviente cortejo que convierte lo efímero
en sublime oleaje de orlada levedad.

Tus ojos se alimentan del polen de las flores
y, como las abejas, te empapas de su luz.

En tu boca la risa ha quedado dormida
y tu mente trasmite la ilusión de vivir.

Tu mirada dibuja escalas de color.

Un ruiseñor extiende su brillante armonía
sobre el cuenco dorado del crepúsculo.

Qué aluvión de esperanza hay en el aire.
Que inaudito gorjeo entre tus manos.
Qué acorde interminable de emoción.

Hoy las estrellas bailan al son que tú les tocas.
Tú eres, Gala, quien dicta el ritmo al universo.

73

*Hay
en el fondo forrado de tu existencia
una lluvia que raja
de parte a parte el corazón.*

AURORA LUNA

Comprendo la tristeza de las cosas
que tú miraste un día,
que tus dedos tocaron sin romper su inocencia,
pájaros que aún ignoran la insumisión del aire.

Viejos devocionarios que huyeron para siempre
con pétalos de rosa caídos de tus sueños
ya no volvieron nunca a levantar sus alas.

¡Cuántas letras heridas como cristales rotos!

Tú siempre preguntabas con mirada insumisa,
con actitud rebelde, dolorosa insistencia
que nunca conseguía la esperada limosna.

Por detrás de las cosas, ¿qué verdad nos espera?

74

Con sus dedos de niebla, quedamente
toma la flor más triste
que quedó en la enramada.

ANTONIO PORPETTA

En la comisura de tus labios rotos
pernoctan los gorriones.

Comentan las cortinas fábulas execrables.
Bocas desdentadas junto al dintel oscuro
susurran sus decires sin que nadie los oiga.

Deleznables lamentos, iconoclastas rimas
prolongan su abandono de ceremonia inútil.

Sigue ululando el viento hiriendo cuanto toca.

Las nubes van y vienen
huyendo de un paisaje de tierras calcinadas
como cuando la luna se aleja de su centro
y se lleva en su huida toda la luz del mundo.

75

Te fuiste coronada por la nieve
una tarde de lunas y vencejos.

José González Torices

Oh, silenciosa:
caminas como un planeta errático
sin que nadie perciba el rumor de tus pasos
ni la risa que ensalsa tus pómulos azules.

En mitad de esta noche calurosa de agosto
una boca encendida como un copo de nieve
en otra boca pone su rescoldo insumiso
como una mariposa de imposible pureza
mientras la luna anda por detrás de las nubes
bendiciendo los campos.

76

Oh, tierra que le acoges, bancales
de mar, fuego
de palomas, alto altar de azahares.

La sosegada espera
conmueve los ramajes de la savia ya verde
que brota y se proyecta
hacia los altos cielos.

Cuando el rumor del bosque
levanta sus dos alas todo adquiere la forma
de una extraña ternura.

Los árboles extienden su raíz temblorosa
que los ata a la tierra
como una vena abierta o grito subterráneo
o imagen diminuta que a lo lejos se pierde
entre un rumor de hojas y de troncos estériles.

La terrible amenaza de la llama inminente
se percibe y se teme
con la forma remota de una lengua insaciable.

77

Debajo de las multiplicaciones
hay una gota de sangre de pato.

FEDERICO GARCÍA LORCA

El datáfono exhibe su embeleco
mientras tú, taciturno, edulcorado,
no sabes si esos ojos que te miran
están pidiendo amor o están mintiendo.

El mundo en el que vives duerme como las flores
mientras las aves huyen
y la noche se acerca con su sudario negro.

Y tú estás en la orilla cuando la luz se quiebra.
Aquel nido caliente donde la carne aún sueña,
aquella herida abierta, se cerrará temblando.

Querrás seguir viviendo siempre en esa mirada,
en la dudosa órbita de un astro inconsistente,
náufrago alucinado de una isla sin nadie.

Que los muertos entierren a sus muertos.
Tú sigue hacia adelante.

78

Y la vida es hermosa, y qué imbéciles somos
y qué cerca estuvimos de la felicidad.

ALBERTO TASÁN

Cubriendo está la primavera
de flores los rosales.

Y su luz ilusoria
transmite ese contagio
ese aliento caliente, esa música íntima
con su rumor de flautas y vibrantes canciones
que de lejos nos llega como un ala purísima
que nos sana y encumbra.

El mundo en el que vives
avanza como un brazo que nace de sí mismo.

Su imperiosa llamada prolonga hacia los astros
el río luminoso que ante tus ojos fluye.

79

De esta poesía
me queda
la nada
de su secreto inagotable.

Giuseppe Ungaretti

En estas plumas negras que borran lo distinto
logra el aire su forma,
éter que se prolonga y rueda
como un papel liviano.

El papel donde anidan las palabras más firmes;
donde duermen los verbos al borde de la nada
como los girasoles que salen de la niebla.

El tiempo pasará tanteando el horizonte
y el aire seguirá jugando con el barro
con un mensaje idéntico al agua de los ríos
hablando para nadie.

80

Ruiseñor, como un palo besado a oscuras
¡derrítete en mi pecho!

PERE GIMFERRER

En los aledaños de la noche inmensa
un ruiseñor recita su ráfaga de frío
y todas sus preguntas me llegan por la espalda.

Un viento que nace en la herida de la noche
desde su atril ambiguo desordena
el resplandor agraz de la farola
con una sensación improvisada
de quien quiere olvidar su desconcierto.

La noche abre sus alas complaciente
sin olvidar el curso de los ríos.
Un enjambre de estrellas temblorosas
danza sin entender la dirección del aire.

El ruiseñor escribe en tinta china
su escueta y ondulante partitura.

81

Déjate vivir, déjate soñar y que te sueñen
porque siempre la vida sale a cuentas.

FRANCISCO MORA

Un delirio de pájaros se derrama en los iris de la aurora.
Su canto claro y melodioso sacude la enramada porque ha
llegado ya la primavera, la estación de las lilas.

Las ranas croan en el estanque con inmensa inocencia entre el
cabrilleo del agua.

Gorjean los gorriones inflamados de alegría entre los árboles
del huerto.

La veloz golondrina construye su nido bajo el aire con pegotes
de barro e impávida ternura.

El jilguero de ojos burilados y espléndido plumaje
su canto exhibe encendido y melodioso.

Bullen las tórtolas sobre la tierra parda mientras amanece.

Más allá en los trigales susurran su inmaculada luz las flores

Se oye en la lejanía como un sonido de flautas derramándose.

Entonces yo quisiera, bebedor insaciable de la vida, volar como
los pájaros, deslizarme sobre las cosas y abrazarte y, así,
abrazados, unirnos estrechamente al universo.

82

Eres la luz que un pájaro en mí bebe.

EMILIO PRADOS

La memoria a veces nos acosa
mostrándonos su hoja de reclamaciones.
Su ambición
es aún más voraz que las hormigas.

Vientos gimen sobre olvidadas velas.
El mar abrió sus brazos para abrazarte
un día y tú estabas ausente.
Sus brazos se cerraron.
Su corazón vacío
borró implacablemente tus palabras
amargas como el humo.

Desde entonces solloza por las noches
y, en esa soledad, su lengua lame
escritas en la arena de la playa
las letras de tu nombre.

83

Volví sobre mis pasos,
pisé otra vez la hierba y parecía intacta.

ANTONIO CABRERA

Llegó la hora en que el canto de los pájaros
acapara las ramas de los árboles.

Piso la hierba fresca
y, al detectar su luz,
se extiende su fragancia vegetal.

La vida no es sino esta decisión
de andar sobre la hierba
sabiendo que hay un lazo que me ata,
que imperceptiblemente estoy hundiéndome
en la espesura ignota de este bosque
sin retorno posible.

La luz inmisericorde de la luna
deja dolor en todo lo que toca
y las sombras que el aire zarandea
por diez se multiplican.

84

T. S. ELIOT

No soy un verso suelto
en un caravasar abandonado.

Soy el viento del pueblo descifrando frustraciones.
Soy el sueño que impulsa la caída del agua.

No soy un colmenar deshabitado,
ni un ruiseñor que canta de falsete.

Mi voz es aún vibrante como un dardo en el aire.
Soy tierra que se mueve sobre la tierra viva.
La luz que se aproxima
para besar aquello que se esfuma.

No soy un canto de nostalgia
en el declive del ópalo.

Yo soy la voz,
el grito que proclama una propuesta:
Vamos hacia la vida.
Te espero en el camino.

85

Como la casa grande y despoblada se me
ha llenado el corazón de frío.

ALFONSO COSTAFREDA

Toca la luz el lento minutero
que bebe en inciertos manantiales.

Algo en mi yo profundo olvida el ámbito y el tiempo
mientras los pájaros susurran en los árboles
canciones olvidadas
y es como si unas manos frías
se fueran tras lo ido.

El horizonte tiembla al desnudar la luz.
Hasta el azul más íntimo
canta en un cielo sin banderas ni pájaros.

Los árboles ambiguos olvidan su ascensión.

Bébete todo el brillo del sol.
Busca un sitio seguro donde poner los pies
y olvídate de todo lo que ya
puede ser solo barro.

ÍNDICE